TRACE

&

COLOR

LETTERS

&

NUMBERS

TRACE & COLOR LETTERS & NUMBERS

Trace & Color Letters

TRACE & COLOR LETTERS & NUMBERS

Trace & Color Letters

TRACE & COLOR LETTERS & NUMBERS

Trace & Color Letters

TRACE & COLOR LETTERS & NUMBERS

Trace & Color Letters

TRACE & COLOR LETTERS & NUMBERS

Trace & Color Letters

TRACE & COLOR LETTERS & NUMBERS

Trace & Color Letters

TRACE & COLOR LETTERS & NUMBERS

Trace & Color Letters

TRACE & COLOR LETTERS & NUMBERS

Trace & Color Letters

TRACE & COLOR LETTERS & NUMBERS

Trace & Color Letters

TRACE & COLOR LETTERS & NUMBERS

Trace & Color Letters

TRACE & COLOR LETTERS & NUMBERS

Trace & Color Letters

TRACE & COLOR LETTERS & NUMBERS

Trace & Color Letters

TRACE & COLOR LETTERS & NUMBERS

Trace & Color Letters

TRACE & COLOR LETTERS & NUMBERS

Trace & Color Letters

TRACE & COLOR LETTERS & NUMBERS

Trace & Color Letters

TRACE & COLOR LETTERS & NUMBERS

Trace & Color Letters

TRACE & COLOR LETTERS & NUMBERS

Trace & Color Letters

TRACE & COLOR LETTERS & NUMBERS

Trace & Color Letters

TRACE & COLOR LETTERS & NUMBERS

Trace & Color Letters

TRACE & COLOR LETTERS & NUMBERS

Trace & Color Letters

TRACE & COLOR LETTERS & NUMBERS

Trace & Color Letters

TRACE & COLOR LETTERS & NUMBERS

Trace & Color Letters

TRACE & COLOR LETTERS & NUMBERS

Trace & Color Letters

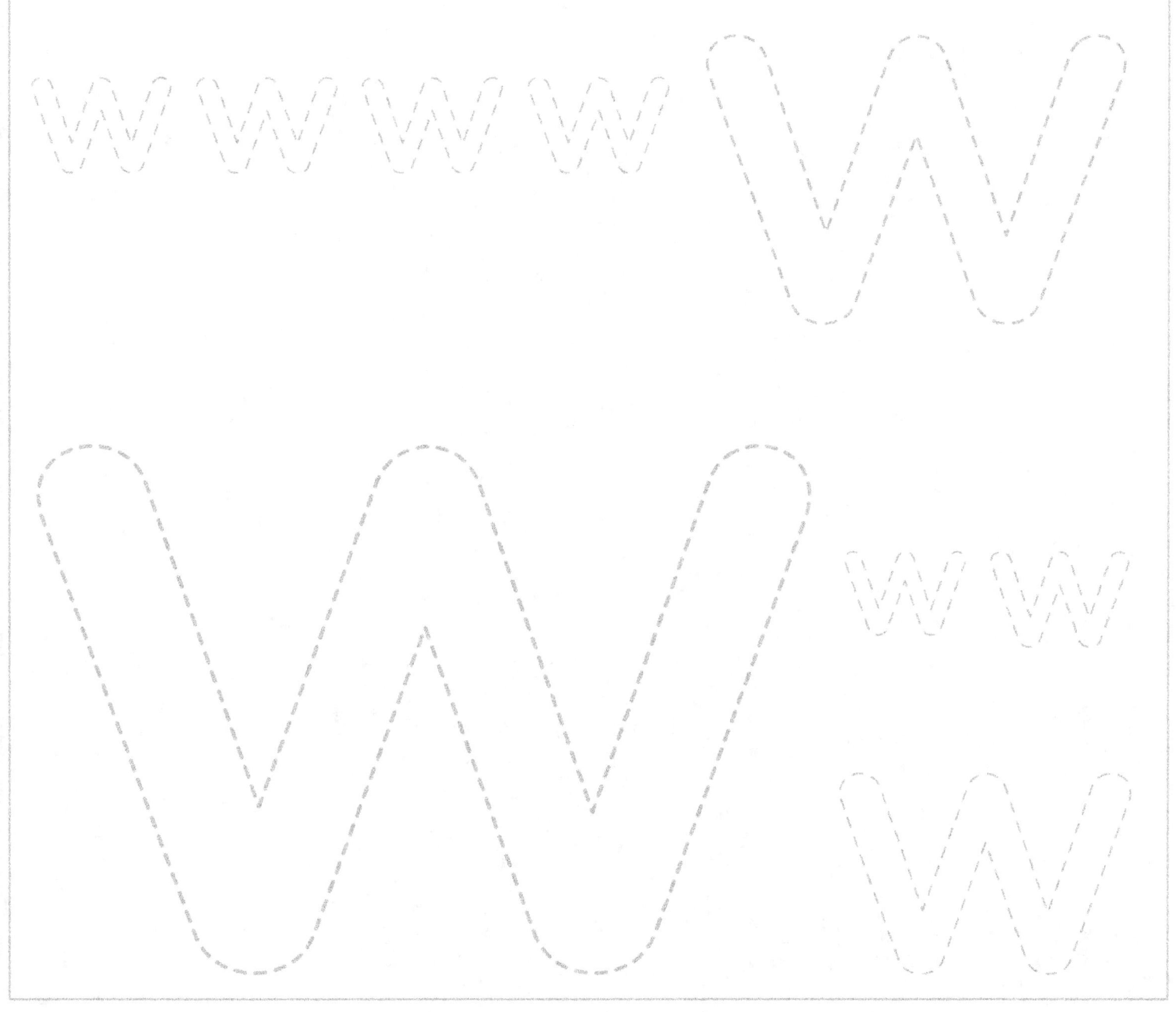

TRACE & COLOR LETTERS & NUMBERS

Trace & Color Letters

TRACE & COLOR LETTERS & NUMBERS

Trace & Color Letters

TRACE & COLOR LETTERS & NUMBERS

Trace & Color Letters

TRACE & COLOR LETTERS & NUMBERS

Trace & Color Numbers

TRACE & COLOR LETTERS & NUMBERS

Trace & Color Numbers

TRACE & COLOR LETTERS & NUMBERS

Trace & Color Numbers

TRACE & COLOR LETTERS & NUMBERS

Trace & Color Numbers

TRACE & COLOR LETTERS & NUMBERS

Trace & Color Numbers

TRACE & COLOR LETTERS & NUMBERS

Trace & Color Numbers

TRACE & COLOR LETTERS & NUMBERS

Trace & Color Numbers

TRACE & COLOR LETTERS & NUMBERS

Trace & Color Numbers

TRACE & COLOR LETTERS & NUMBERS

Trace & Color Numbers

TRACE & COLOR LETTERS & NUMBERS

Trace & Color Numbers

TRACE & COLOR LETTERS & NUMBERS